Bibliografische Information der Deutschen Nationalbibliothek:

Die Deutsche Bibliothek verzeichnet diese Publikation in der Deutschen National-
bibliografie; detaillierte bibliografische Daten sind im Internet über http://dnb.d-
nb.de/ abrufbar.

Impressum:

Copyright © 2002 GRIN Verlag, Open Publishing GmbH
Druck und Bindung: Books on Demand GmbH, Norderstedt Germany
ISBN: 9783638696784

Olaf Schulz

MS Excel 2000 - Überblick für Anwender

GRIN Verlag

GRIN - Your knowledge has value

Der GRIN Verlag publiziert seit 1998 wissenschaftliche Arbeiten von Studenten, Hochschullehrern und anderen Akademikern als eBook und gedrucktes Buch. Die Verlagswebsite www.grin.com ist die ideale Plattform zur Veröffentlichung von Hausarbeiten, Abschlussarbeiten, wissenschaftlichen Aufsätzen, Dissertationen und Fachbüchern.

Besuchen Sie uns im Internet:

http://www.grin.com/

http://www.facebook.com/grincom

http://www.twitter.com/grin_com

Tabellenkalkulation

Microsoft Excel 2000
für Anwender

SEMINARUNTERLAGEN

Wichtige Hinweise

Die in dieser Unterlage wiedergegebenen Verfahren und Programme werden ohne Rücksicht auf die Patentlage mitgeteilt. Sie sind ausschließlich für Lehrzwecke bestimmt.

Weder die Unterlagen noch die Software dürfen ohne vorherige schriftliche Genehmigung des Verfassers in Auszügen kopiert, fototechnisch übertragen, übersetzt oder auf einem elektronischen Medium gespeichert oder in maschinenlesbare Form gebracht werden.

Die vorliegende Unterlage wurde mit großer Sorgfalt erstellt. Der Verfasser haftet jedoch weder für Fehler oder Versäumnisse, noch für die Benutzung des hier behandelten Materials und die Entscheidungen, die infolgedessen getroffen werden. Es wird keinerlei Gewähr, weder direkt noch indirekt, hinsichtlich des Inhalts dieser Unterlage, seiner Marktgängigkeit oder Eignung für einen bestimmten Zweck übernommen.
Der Verfasser kann nicht für direkte, indirekte Neben- oder Folgeschäden haftbar gemacht werden, die durch die Benutzung oder falsche Benutzung dieser Unterlage entstehen. Die Benutzung der Software, welche dieser Unterlage beiliegt, unterliegt den Bestimmungen und Vorschriften des Verfassers.

Es wird darauf hingewiesen, das die in dieser Unterlage verwendeten Soft- und Hardwarebezeichnungen und Markennamen der jeweiligen Firmen im allgemeinen warenzeichen-, marken- oder patentrechtlichem Schutz unterliegen.

Word, Excel, Access, Powerpoint, MS-DOS, Internet Explorer, Windows und das Windows-Logo sind eingetragene Warenzeichen der Microsoft Corporation.

Beachten Sie bitte außerdem, dass der Verfasser zu den beiliegenden Datenträgern keinerlei telefonischen oder schriftlichen Support anbieten kann.

Anregungen werden gerne per eMail entgegengenommen: olafschulz@t-online.de

Zielgruppe

Personen, welche im Alltag mit Excel arbeiten, oder Abläufe mit Hilfe der Software vereinfachen möchten. Kenntnisse in Excel sind nicht notwendig.

Anforderungen an den Teilnehmer

Anwenderkenntnisse in einem der Microsoft Desktop-Betriebssysteme:
Windows 95/ 98, Windows NT 4 Workstation, Windows 2000 Professional, Windows XP

Empfohlene Hardware- und Softwaremindestkonfiguration

Personalcomputer mit Microsoft Windows 2000 (Service Pack 2)
256 MB Arbeitsspeicher
Pentium III 500 MHz
CD-ROM-Laufwerk
17 Zoll Monitor
vollständig installiertes Microsoft Excel 2000 (oder Office Paket)
Microsoft Internet Explorer 5

Konventionen

Symbol	Bedeutung
🖉	zu bearbeitende Übung
🖱	zu bearbeitende Übung, Bearbeitung am PC
💣	Hinweis auf kritische Situationen oder häufige Fehler
💾	Hinweise auf eine Datei der Begleit CD-ROM
☺	Praktischer Tip
⧖	Tip zur Zeitersparnis
✎	Eigene Notizen

Inhalt

1.   Allgemeine Einführung
1.1   Was ist Microsoft Excel 2000?

Microsoft Excel 2000 ist ein sehr leistungsfähiges Tabellenkalkulationssystem. Es zählt im PC-Bereich zur Standardsoftware. Excel kann in fast jedem Bereich für Kalkulationen, Statistiken und Analysen eingesetzt werden.

1.2   Wofür ist Excel nur bedingt einsetzbar?

für große Datenmengen
nicht mehrbenutzerfähig.
Daten können nicht repliziert werden

1.3   Anwendungsgebiete von Excel

Kaufmännischer Bereich

> Kassenbuch
> Abrechnungen
> Statistiken
> Bilanzen
> Forecasts
> Listen
> Kaufmännische Berechnungen
> Diagramme

Technischer Bereich

> Auswerten von Messreihen
> Erfassen von Daten
> Listen
> Diagramme
> Technische Berechnungen

1.4 Die Arbeitsoberfläche

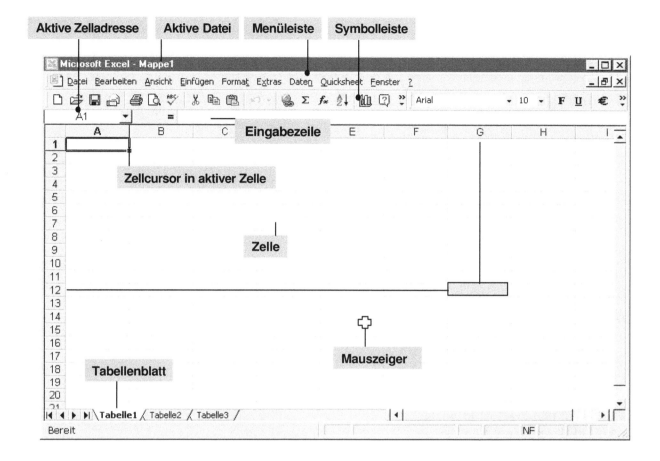

Die Arbeitsoberfläche besteht aus:

Titelleiste
In der Titelleiste wird der Name der gerade zu bearbeitenden Datei angezeigt.

Menüleiste
Hier befinden sich die Menüs wie Datei oder Bearbeiten - hier befinden sich alle
Programmfunktionen

Tabellenblatt
Dieses besteht aus vielen einzelnen Zellen. Es hat eine Spalten- und eine Zeilenbeschriftung.

Eine Excel-Datei (Arbeitsmappe) kann mehrere Tabellenblätter enthalten.

1.5   Die Zellkoordinate

Die Position jeder einzelnen Zelle auf dem Tabellenblatt ist durch die **Zellkoordinate** eindeutig festgelegt.

Der Schnittpunkt aus Spalte und Zeile der Zelle ergibt die Zellkoordinate.

So befindet sich der Wert 30,8 in der Zelle A3.
Die Zelle B2 enthält den Wert 100,00
Der Wert 200,99 ist in Zelle C3 enthalten

	A	B	C	D
1				
2		100,00		
3	30,8		200,99	

Zellen können numerische Werte, Textinformationen oder Formeln und Funktionen enthalten.

✎ Übung
Zellkoordinaten

Tragen Sie folgende Werte in die unten abgebildete Tabelle ein:

In Zelle B3 den Wert 70
In Zelle C3 den Wert Mikrometer
In Zelle D4 den Wert 80,5
In Zelle A3 den Wert 900,5
In Zelle D5 den Wert Test

	A	B	C	D
1				
2				
3				
4				
5				

1.6   Excel starten

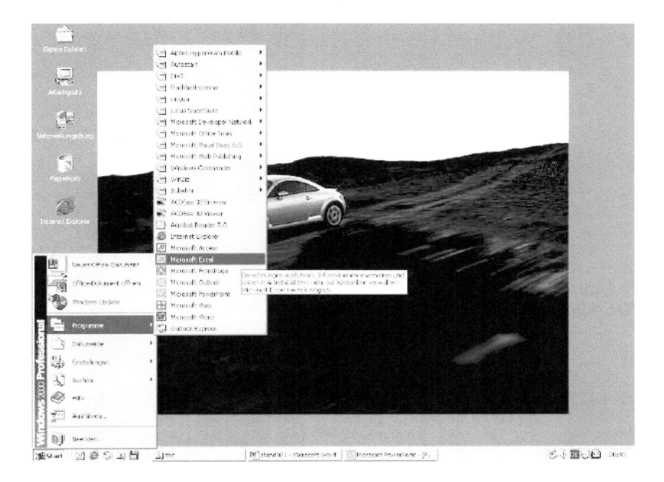

Excel kann über das Startmenü im Ordner Programme, durch einen Mausklick auf Microsoft Excel gestartet werden.

Die Arbeitsoberfläche von Excel 2000 erscheint

1.7 Einfache Tabellen erstellen, speichern und laden

Um sich auf dem Tabellenblatt zu bewegen können Sie die Cursortasten (Pfeiltasten) oder die Maus benutzen indem Sie in die gewünschte Zelle klicken.

Cursortasten

✆ Übung
Grundlegende Programmfunktionen

Zielsetzung:

Die abgebildete Tabelle soll erstellt werden.
Die Tabelle soll unter dem Dateinamen uebung01 im Verzeichnis VHS_EXCEL auf der Festplatte C abgespeichert werden.
Anschließend soll Excel beendet werden und die Datei wieder geladen werden.
Das Verzeichnis C:\VHS_EXCEL befindet sich bereits auf Ihrer Festplatte.

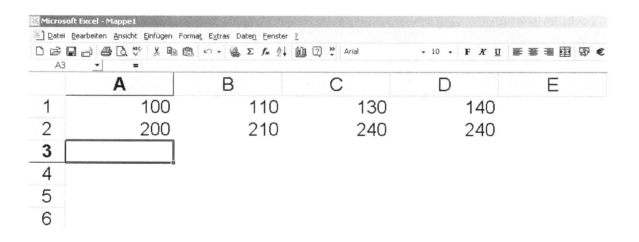

1.   starten Sie Microsoft Excel über den **Startbutton** und das **Startmenü** im Ordner **Programme**

2.   erstellen Sie die Tabelle

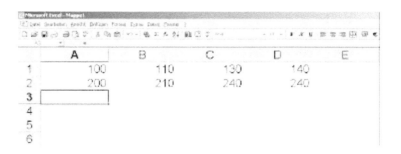

3.   wählen Sie im Menü Datei die Funktion **Speichern unter**

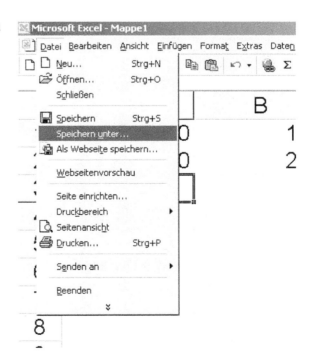

4.   die Dialogbox Speichern unter erscheint

5.   wählen Sie die Festplatte C aus

6.   wählen Sie das Verzeichnis VHS_EXCEL aus

7.   klicken Sie in das Feld Dateiname

vergeben Sie den Dateinamen **uebung01**

8.   klicken Sie auf Speichern

9.   beenden Sie Excel
        Wählen Sie im Menü
        Datei die Option Beenden

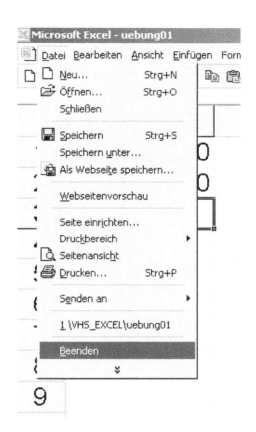

10.   starten Sie Excel wieder

11.   wählen Sie im Menü Datei
        die Funktion öffnen

12.   wählen Sie die Festplatte C aus

13.   wählen Sie das Verzeichnis
        VHS_EXCEL aus

        wählen Sie die Datei
        uebung01 mit einem
        Doppelklick aus

        die ursprüngliche Datei
        sollte sich wieder öffnen

Ende dieser Übung

2. Grundlegende Programmfunktionen
2.1 Einfache Berechnungen in Tabellen durchführen

Der Inhalt der Zellen A1 und A2 soll in A3 addiert werden.

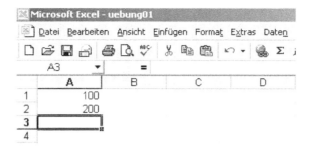

Dazu muss in der Zelle A3 die entsprechende Formel eingetragen werden.

💣   Jede Formel oder Funktion fängt mit dem **Gleichheitszeichen =** an.

Der Zellcursor wir auf die Zelle A3 bewegt und die Formel eingetragen:

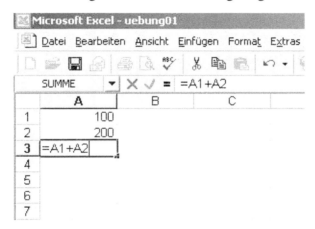

Wird die Zelle verlassen ([**ENTER**] oder Mausklick auf den grünen Haken), erscheint in A3 sofort das Ergebnis:

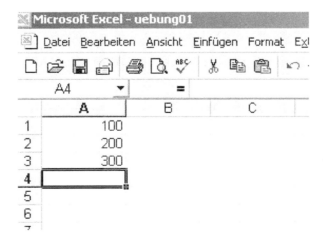

2.2 Rechenoperatoren

Operator	Funtion
+	Addition
-	Subtraktion
/	Division
*	Multiplikation
∧	Potenz
>	größer
<	kleiner
=	gleich
<>	ungleich
<=	kleiner oder gleich
=<	kleiner oder gleich
>=	größer oder gleich
=>	größer oder gleich

Operatoren

💣   Verwenden Sie für Dezimalzahlen das , (Komma) nicht den . (Punkt)
     Richtig: 10,25   Falsch: 10.25

2.3 Editieren von Formeln

Bestehende Formeln können in der Editierzeile (Eingabezeile, Eingabefeld) editiert, d.h. abgeändert werden. Klicken Sie hierzu in die Editierzeile.

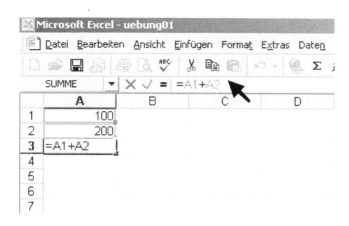

Sie können mit den Tasten Cursor links oder Cursor rechts oder der Maus in der Editierzeile navigieren.

Mit einem Klick auf ✔ nehmen Sie die Änderungen. Mit Klicken auf ✕ rden die Änderungen verworfen.

💣   Beachten Sie Klammerregeln
        $2 + 5 * 2 = 12$ aber $(2 + 5) * 2 = 14$

☺   Sie erhalten das € mit der Tastenkombination **[ALTGR] [E]** auch wenn dieses auf der Tastatur nicht abgedruckt ist. Bei Windows 95 Systemen muss ein Patch nachinstalliert werden, damit das Eurosymbol verfügbar ist.

✐ Übung
Berechnung des Gesamtpreises

Gegeben: Gesucht:

Material   2000   Gesamtpreis
Verpackung   100
Lieferung   80
Zoll   100

Tragen Sie alle gegebenen Werte in die Tabelle ein.
Erstellen Sie eine Formel, mit der Sie den Gesamtpreis in der Tabelle berechnen können.

	A	B	C	D
1	Material			
2				
3				
4				
5				
6				

⌖ Übung
Berechnung des Gesamtpreises

Übertragen Sie Ihre Lösung in eine MS-Excel Tabelle und testen Sie diese.

Ende dieser Übung

✎ *Eigene Notizen:*

✏ Übung
Berechnung von Kreisflächen

Es sollen für verschiedene Radien
die Kreisflächen errechnet werden.

Die Fläche des Kreises kann nach dieser
Formel berechnet werden:

Fläche = Radius * Radius * 3,1415

Für folgende Radien sollen die Flächen
berechnet werden:

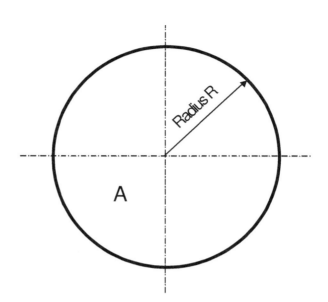

R1	=	10
R2	=	12,5
R3	=	20
R4	=	100
R5	=	120
R6	=	200

(Alle Angaben in mm)

☺   Überlegen Sie sich Aufbau und Struktur der Tabelle:
Welche Eingaben sind nötig? Wie bleibt die Tabelle übersichtlich?

	A	**B**	**C**	**D**	**E**
1					
2					
3					
4					
5					
6					
7					
8					
9					
10					

🖰 Übung
Berechnung von Kreisflächen

Übertragen Sie Ihre Lösung in eine MS-Excel Tabelle und testen Sie diese.

Ende dieser Übung

✎ *Eigene Notizen:*

2.4   Anpassen von Spaltenbreiten

Bewegen Sie den Mauszeiger genau zwischen zwei Spalten:

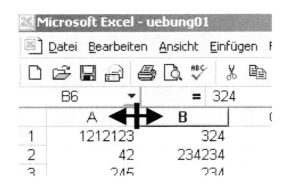

Aus dem Mauszeiger wird ein Doppelpfeil (wie abgebildet). Klicken Sie jetzt mit der linken Maustaste und halten diese gedrückt, während Sie die Maus vorsichtig nach rechts oder links bewegen.

⏳   Mit einem Doppelklick zwischen die beiden Spalten können Sie die Spalte automatisch auf den breitesten, enthaltenen Spaltenwert anpassen.

Wenn die Spalten für errechnete Werte zu schmal werden, zeigt Excel für die entsprechenden Werte #-Symbole an:

	A	B	C
1	saasd	324	
2	#####	#####	
3	#####	234	
4	2342	#####	
5	4234	32423	
6	324	324	
7	#####	3	
8			
9			

2.5   Eigenschaften ändern - Schriftart

Zuerst den gewünschten Bereich markieren:

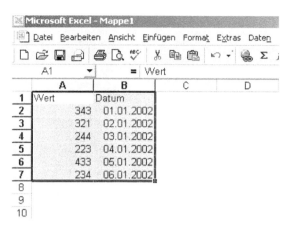

Dann kann der markierte Bereich verändert (auch ausgeschnitten, kopiert...) werden.
In diesem Beispiel soll die Schrift von Standard auf fett geändert werden:

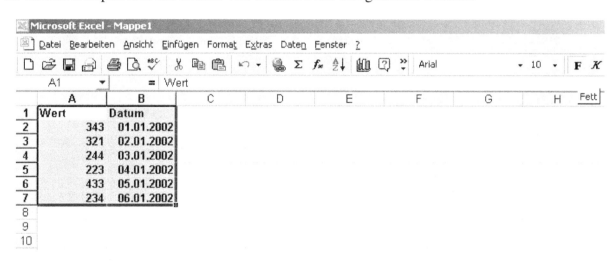

Ein Klick auf eine unmarkierte Stelle des Tabellenblattes hebt die Markierung wieder auf.

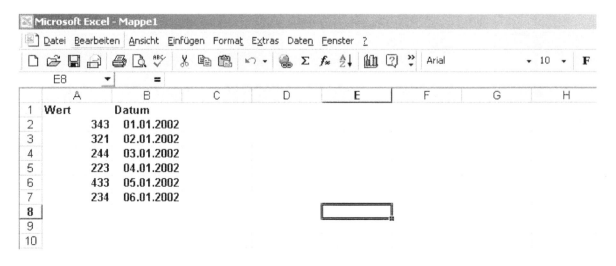

⌛   Es ist ebenso möglich, unzusammenhängende Bereiche zu markieren, indem man beim Ziehen der Maus mit gedrückter linker Maustaste, die Taste **[STRG]** gedrückt hält.

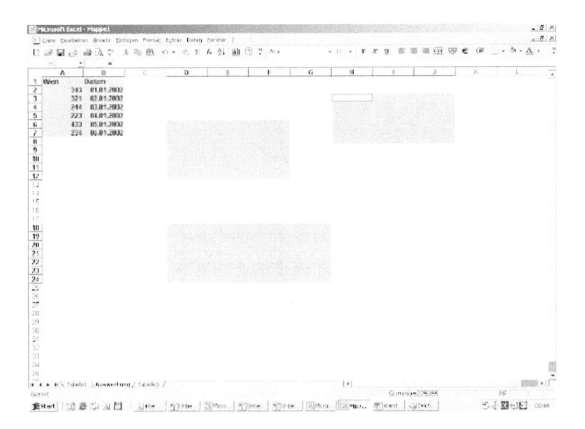

✎ *Eigene Notizen:*

2.6   Tabellenblätter benennen

Die Tabellenblätter können mit einem Doppelklick, direkt auf die Registerkarte umbenannt werden:

Hier wird der Name Tabelle2 durch "Auswertung" ersetzt:

✎ *Eigene Notizen:*

✐⌖🖰 Übung
Gewinnermittlung

Für folgende Produkte und Absatzmengen sollen Verkaufserlöse und Herstellungskosten errechnet werden:

Produkt	Absatzmenge	Preis Euro
A	100	3,00
B	300	2,10
C	200	2,35
D	150	3,11

a) Berechnen Sie für jedes Produkt den Verkaufserlös.

Produkt A_____   Produkt B_____   Produkt C_____   Produkt D_____

b) Wie hoch wäre der Gewinn, wenn bei den angegebenen Produkten folgende Herstellungskosten pro Stück angefallen wären:

Produkt	Herstellungskosten Euro
A	2,20
B	1,60
C	1,86
D	2,67

Gewinn_____

-> nächste Seite

✐✇ Übung
Gewinnermittlung

	A	B	C	D	E	F	G
1							
2							
3							
4							
5							
6							
7							
8							
9							
10							

☺   Verkaufserlös = Preis * Absatzmenge
      Gewinn = Verkaufserlös - Kosten

Ende dieser Übung

✎ *Eigene Notizen:*

3.   Fortgeschrittene Programmfunktionen
3.1   Zellen formatieren

Wenn Zellenwerte in einem bestimmten Format dargestellt werden sollen, muss die Zelle entsprechend formatiert werden.

Beispiel: die Werte soll immer auf zwei Nachkommastellen gerundet angezeigt werden

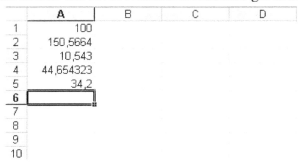

Beispiel für Werte, die auf 2 Nachkommastellen formatiert werden sollen

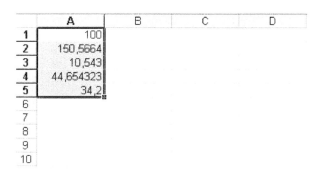

Die Zellen werden zuerst markiert

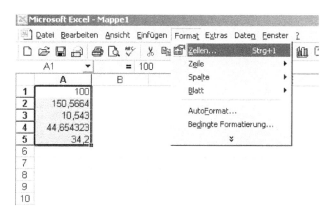

Dann wird im Menü Format die Option Zellen ausgewählt

In der Registerkarte Zahlen; im Auswahlfeld
kann die entsprechende Kategorie gewählt werden.
Im Feld Dezimalstellen wird die gewünschte Anzahl
gewählt, anschließend mit dem Button OK bestätigt.

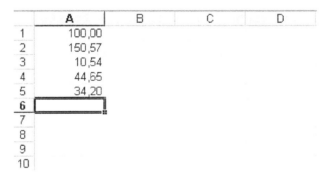

Die Zellen sind nun formatiert.

✎ *Eigene Notizen:*

⏚ Übung
Formatieren von Zellen

	A	B	C	D	E
1	100,543	3	1223	432	
2	99,4542	21	12,8881	234	
3	54,3432	12,6111111	632	345	
4	24,00001	199,0001	2134	542	
5					
6					

💾 ueb_zellenformatierung.xls

1.   Öffnen Sie im Verzeichnis C:\VHS_EXCEL die Datei ueb_zellenformatierung.xls

2.   Formatieren Sie die Werte in der Spalte A mit 2 Dezimalstellen

3.   die Werte der Spalte B mit 2 Dezimalstellen und Euro-Währungssymbol

4.   die Werte der Spalte C mit mit einer Dezimalstelle und blauer Schrift

5.   die Werte der Spalte D mit 2 Dezimalstellen, grüner Schrift, fettgedruckt und DM-Währungskürzel

6.   Speichern Sie die Datei wieder ab

Ende dieser Übung

3.2 Automatisches Füllen von Reihen

⧖ Automatisches Füllen kann dann verwendet werden, wenn sich beispielsweise Berechnungen in Blöcken wiederholen.

A4 ▼		=	=A1*(A2-A3)	
	A	B	C	D
1	100	500	800	
2	200	200	300	
3	5	6	9	
4	19500			
5				

Die Formel in A4 soll analog für die Spalten B und C gelten

Also:
B4 = B1*(B2-B3) und C4=C1*(C2-C3)

A4 ▼		=	=A1*(A2-A3)	
	A	B	C	D
1	100	500	800	
2	200	200	300	
3	5	6	9	
4	19500			
5				

Stellen Sie den Zellcursor auf A4; und bewegen Sie den Mauszeiger auf die untere rechte Ecke des Zellcursors.

A4 ▼		=	=A1*(A2-A3)	
	A	B	C	D
1	100	500	800	
2	200	200	300	
3	5	6	9	
4	19500			
5				

Halten Sie die linke Maustaste gedrückt, und ziehen Sie den Rahmen vorsichtig nach links; bis in die Zelle C4; lassen Sie die Maustaste anschließend los

A4 ▼		=	=A1*(A2-A3)	
	A	B	C	D
1	100	500	800	
2	200	200	300	
3	5	6	9	
4	19500	97000	232800	
5				

Kontrollieren Sie die Formeln von B4 und C4.

Die Funktion Auto-Ausfüllen kann nicht generell verwendet werden. Kontrollieren Sie die Ergebnisse nach!

A4	▼	=	=A1*(A2+A3)	
	A	B	C	D
1	5			
2	10	40	60	
3	25	35	80	
4	175			
5				

Wenn Sie Auto-Ausfüllen für B4 und C4 in dieser Tabelle anwenden, führt dieses zu einem falschen Ergebnis!

In diesem Fall muss in der Formel A4 ein absoluter Zellbezug angegeben werden:

also   A4=$A$1*(A2+A3)

Dann beziehen sich die Formeln in B4 und C4 immer auf die alleinstehende Zelle A1:

B4	▼	=	=$A$1*(B2+B3)	
	A	**B**	C	D
1	5			
2	10	40	60	
3	25	35	80	
4	175	375	700	
5				

3.3 Summen Funktion

⧗   Mit der Summen Funktion können Summen von ganzen Blöcken gebildet werden

In der Zelle A4 solle die Summe aus allen darüber liegenden Zellen gebildet werden:

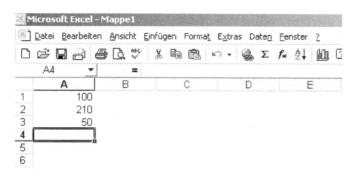

Der Zellcursor steht auf A4, der Zelle in der die Summe gebildet werden soll.

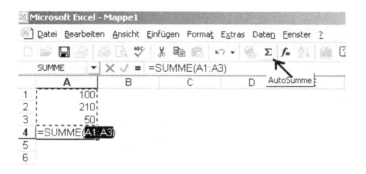

Klicken Sie auf des Summen-Symbol   Σ

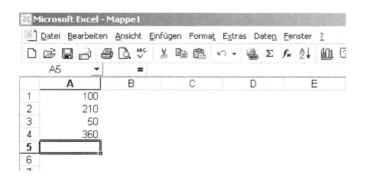

Die Summe in A4 wurde gebildet

3.4 Diagramme erstellen

	A	B	C	D	E	F
1			Umsätze 1. Halbjahr (in mio €)			
2	Jan	Feb	Mrz	Apr	Mai	Jun
3	3,4	4,6	7,2	6,2	8,2	4,8
4						

Für die abgebildete Tabelle soll ein aussagekräftiges Diagramm erstellt werden

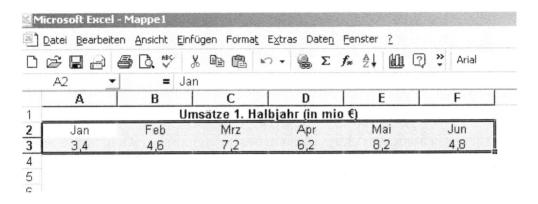

Die Tabelle wird markiert; danach auf das Symbol für den Diagrammassistenten geklickt.

Schritt 1 von 4

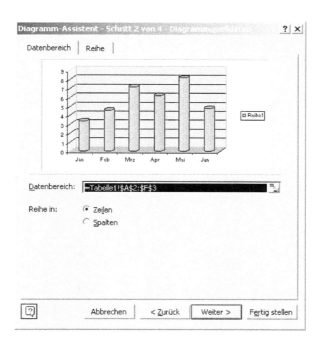

Schritt 2 von 4

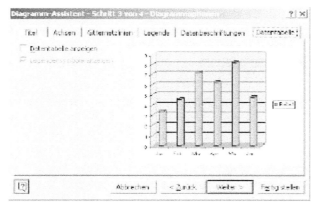

Schritt 3 von 4

Schritt 4 von 4

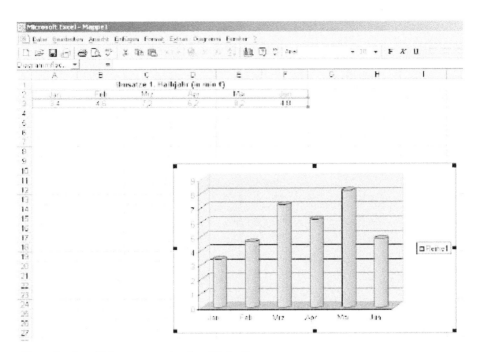

Das fertige Diagramm in der Tabelle

✆ Übung
Erstellen von Diagrammen

Erstellen Sie ein aussagekräftiges Diagramm über die Umsatzzahlen dieser Unternehmen:

```
+--------------+--------------------+
! Unternehmen  ! Umsatz in Mrd Euro !
+--------------+--------------------+
! A            ! 2,20               !
+--------------+--------------------+
! B            ! 1,60               !
+--------------+--------------------+
! C            ! 1,86               !
+--------------+--------------------+
! D            ! 2,67               !
+--------------+--------------------+
```

Ende dieser Übung

3.5 WENN Funktion

Die WENN Funktion kann angewendet werden, wenn bei einer entsprechenden Bedingung eine bestimmte Aktion erfolgen soll.

Beispiel:
Wenn der Betrag über 10000 € liegt, ist das Budget überschritten - ansonsten nicht:
In der Zelle A1 wird vom Benutzer ein Wert eingetragen, welcher in A2 mit Hilfe der WENN Funktion abgefragt wird.

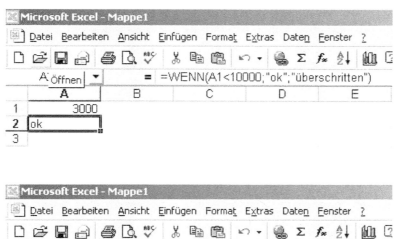

Die Syntax der WENN Funktion

=WENN *(Prüfung;Dann;Sonst)*

Für unser Beispiel lautet die Funktion demzufolge:

```
=WENN(A1<10000;"ok";"überschritten")
```

Selbstverständlich können anstelle der Textausgaben auch Berechnungen ausgeführt werden.

Beispiel:

Wenn der Wert in der Zelle b1 größer als 10000 ist, soll vom Wert in g4 100 subtrahiert werden, ansonsten soll nichts passieren:

```
=WENN(b1>10000;g4-100;"")
```

⌐ Übung
WENN Funktion

Gegeben:

Obergrenze:　10000
Untergrenze:　3000
Wertemenge:　{2000,2200,2999,4000,5000,1000,750}

Mit Hilfe einer Tabelle sollen die Werte überprüft werden:

Liegt ein Wert gleich oder höher als die Obergrenze, soll die Meldung "überschritten" ausgegeben werden.
Liegt ein Wert unter der Untergrenze, soll die Meldung "unterschritten" ausgegeben werden.

Ende dieser Übung

3.6 Serienbriefe

Was sind Serienbriefe? Serienbriefe haben den gleichen Inhalt, meist unterscheiden sich nur Anschrift und Anrede. Grundsätzlich benötigt man nur Textverarbeitungsprogramm, mit Serienbrieffunktionalität. Komfortabler lassen sich die Serienbriefe mit Hilfe einer Excel-Tabelle generieren.

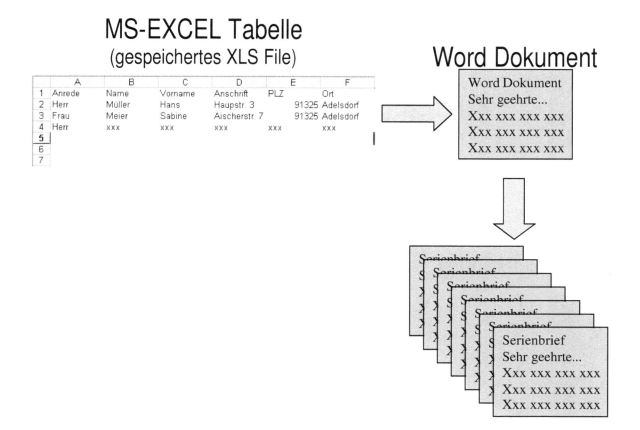

1. Excel Datei muß bestehen
   (Erstellen und Speichern)

💣 Verwenden Sie auf Spaltenüberschriften!

2. Word-Dokument erstellen und speichern

3. In Word
   Extras -> Seriendruck

4.

5.

6.

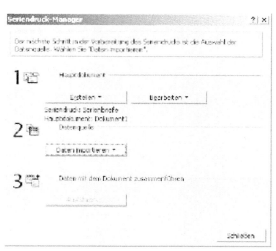

7.

8.

9.

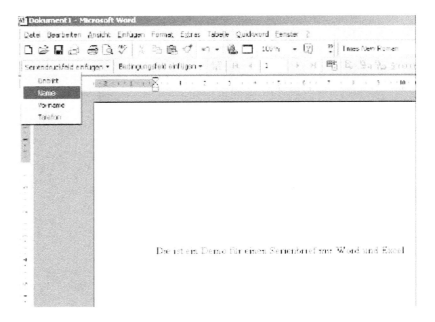

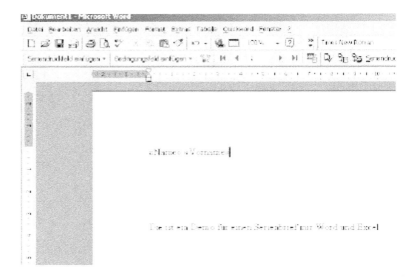

3.7 Zeitfunktionen

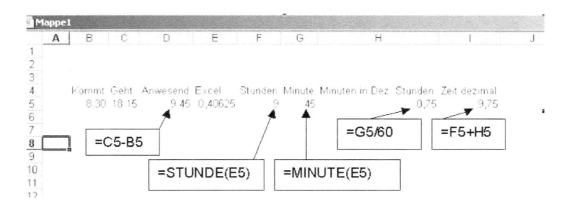

Funktionen

STUNDE   gibt die volle Stunde einer Uhrzeit zurück

            =STUNDE("15:30") liefert 15 zurück

MINUTE   gibt die Minuten einer Uhrzeit zurück

            =MINUTE("15:30") liefert 30 zurück

3.8   Tabellen sortieren

Um Tabellen zu sortieren, markieren Sie den zu sortierenden Bereich - dann wählen sie im
Menü Daten die Option Sortieren:

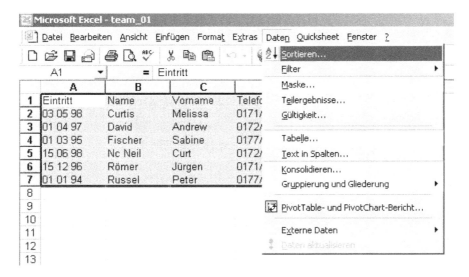

Anschließend können Sie Sortieroptionen wählen

💣❋   Achten Sie darauf, dass komplette Bereiche vor dem Sortieren markiert werden!

Einfache Sortieroptionen erhält man auch über die Funktionsleisten   ᴬ↓Z

3.9 Fenster fixieren

Um die Übersicht zu behalten, kann die Kopfzeile einer großen Tabelle ständig angezeigt werden, auch wenn das Tabellenblatt über den sichtbaren Bereich hinaus verschoben wird. Tabellen fixieren

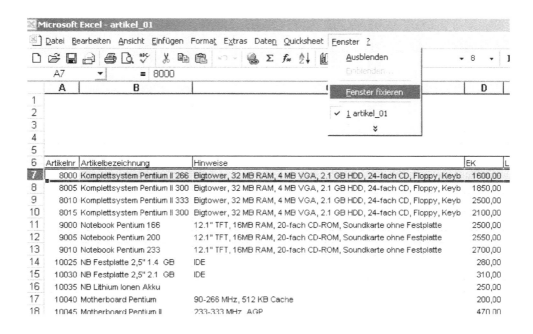

Markieren Sie eine Zeile unter der Zeile, welche sichtbar bleiben soll. Wählen Sie danach im Menü Fenster die Option Fenster fixieren.
Die Fixierung wird auf dem gleichen Weg wieder aufgehoben (Fenster; Fixierung aufheben).
Es können auch Spalten fixiert werden.

3.10 Zinsberechnung

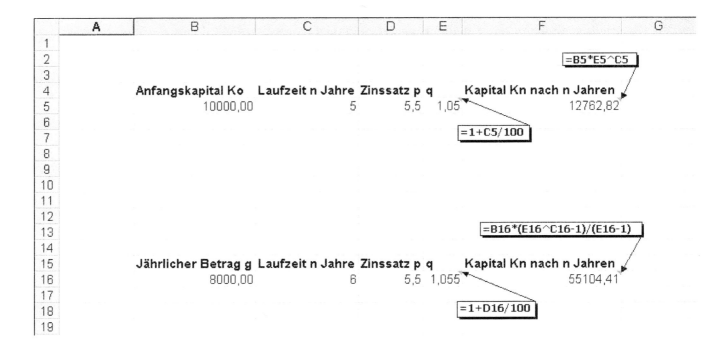

1. Beispiel

Anfangskapital wird über eine bestimmte Laufzeit verzinst.

$K_n = K_0 * q^n$ K_n Kapital nach n Jahren

                           K_0 Anfangskapital

$q = 1 + p/100$ n   Laufzeit (Jahre)

                           p   Zinssatz (in Prozent

2. Beispiel

Kapital nach n Jahren mit jährlichem Betrag

$K_n = K_0 * EWF$ EWF   Endwertfaktor

$q = 1 + p/100$

$EWF = (q^n - 1) / (q - 1)$

3.11 Zellen schützen

Um Tabellen gegen Manipulationen und „unbeabsichtigte Veränderungen" von Usern zu sichern, können Sie bestimmte Bereiche des Arbeitsblattes schützen :

1. Tabelle fertig erstellen

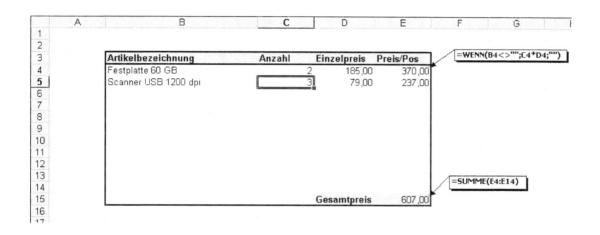

2. Die Zellen markieren, die vom Anwender noch bearbeitet werden sollen

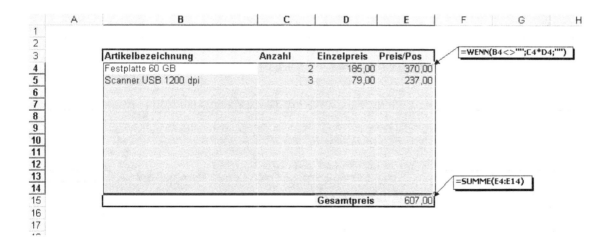

3. Menü: Format ⇒ Zellen; Registerkarte Schutz

Die Checkbox „Gesperrt" muss deaktiviert sein.

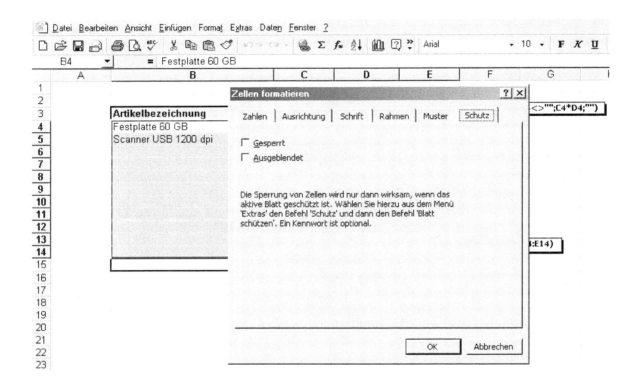

4. Menü: Extras ⇒ Schutz ⇒ Blatt Schützen

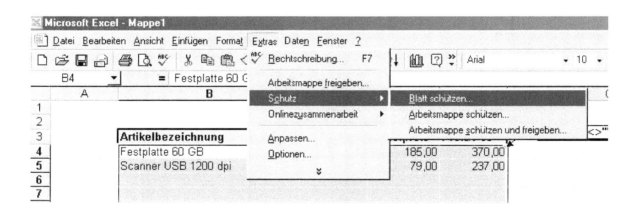

5. Kennwort vergeben

Es können nur noch die freigegebenen Zellen bearbeitet werden. Werden gesperrte Zellen bearbeitet, wird dieser Hinweis ausgegeben

www.ingramcontent.com/pod-product-compliance
Lightning Source LLC
LaVergne TN
LVHW082348060326
832902LV00017B/2728